NOTES
POUR SERVIR A L'HISTOIRE
DES
INSECTES NUISIBLES
A L'AGRICULTURE
DANS LE DÉPARTEMENT DE LA MOSELLE,

PAR

J.-B. GÉHIN,

Pharmacien de 1re classe, — Membre du Jury médical de la Moselle, — Secrétaire du Conseil central d'hygiène du département, — Membre de la Société entomologique de France, — des Sociétés d'Histoire naturelle et de Médecine de Metz, — Correspondant des Sociétés linnéennes de Lyon, — d'Histoire naturelle de Luxembourg, — Entomologique de Stettin, etc., etc.

N° 2.

Insectes qui attaquent les blés.

Mémoire lu à la Société d'horticulture de la Moselle, le 3 août 1856.

METZ.
IMPRIMERIE F. BLANC, RUE DU PALAIS.
1857.

NOTES
POUR SERVIR A L'HISTOIRE
DES
INSECTES NUISIBLES
A L'AGRICULTURE

DANS LE DÉPARTEMENT DE LA MOSELLE,

PAR

J.-B. GÉHIN,

Pharmacien de 1re classe, — Membre du Jury médical de la Moselle, — Secrétaire du Conseil central d'hygiène du département, — Membre de la Société entomologique de France, — des Sociétés d'Histoire naturelle et de Médecine de Metz, — Correspondant des Sociétés linnéennes de Lyon, — d'Histoire naturelle de Luxembourg, — Entomologique de Stettin, etc., etc.

N° 2.

Insectes qui attaquent les blés.

Mémoire lu à la Société d'horticulture de la Moselle, le 3 août 1856.

METZ.
IMPRIMERIE F. BLANC, RUE DU PALAIS.
1857.

NOTES

POUR SERVIR A L'HISTOIRE

DES

INSECTES NUISIBLES

A L'AGRICULTURE

DANS LE DÉPARTEMENT DE LA MOSELLE.

INSECTES NUISIBLES AUX BLÉS.

Depuis quelques années, l'insuffisance des récoltes de blé a vivement préoccupé le gouvernement, les administrations locales et les savants qui s'occupent plus spécialement d'agriculture ou des sciences qui s'y rattachent.

Dans un grand nombre de départements, on a pu remarquer des blés forts, bien venus, vigoureux, présentant toutes les apparences d'une récolte riche et abondante, et qui, cependant, laissaient, après la moisson, un déficit plus ou moins sensible dans le rendement; quelquefois même le battage ne produisait que quelques grains, petits, maigres ou mal tournés, *cratis*, enfin, pour me servir de l'expression consacrée.

On comprend aisément que cette richesse apparente et une réalité aussi fâcheuse, aient dû causer bien des mécomptes, et qu'elles aient surtout porté le peuple à ajouter foi à tous les bruits absurdes répandus dans les masses sur le commerce des grains, les accaparements, etc., etc.

Chercher les causes de ces vicissitudes agricoles, les faire connaître et les discuter, propager les moyens de les éviter, proposer ceux qui paraissent devoir les conjurer ou les amoindrir, telles ont été les justes préoccupations de toutes les personnes qui se livrent aux études des sciences naturelles appliquées à l'agriculture. Aux influences douteuses attribuées aux coups de soleil, à la lune rousse, aux forêts ou aux cultures voisines, etc., il en est d'autres qui, bien que mal définies ou imparfaitement connues, peuvent être attribuées aux intempéries fréquentes qui frappent notre climat, à l'époque de l'épiage, de la floraison, etc. Malheureusement ces diverses causes, dont on ne saurait nier l'influence dans bien des cas, sont impossibles à prévoir et trop au-dessus de notre sphère d'action pour que nous puissions les éviter. Cette impossibilité, à laquelle nous ne pouvons nous soustraire, sert d'explication aux ignorants et aux crédules, et couvre la coupable inaction du plus grand nombre.

A ces fâcheuses éventualités, viennent encore s'ajouter les maladies qui attaquent nos cultures les plus précieuses : telles que ces végétations cryptogamiques, dont l'envahissant mycelium couvre de rouille le chaume de nos blés, du charbon ses épis, ou ses grains de la carie.

Quelque désastreuses que soient souvent ces invasions de champignons microscopiques, elles sont loin d'atteindre, par leur durée et leur persistance, les dégâts de toute nature que les insectes produisent dans nos cultures. Chaque plante en nourrit qui lui sont propres, et souvent chaque partie de la plante en alimente une espèce particulière. La petitesse du plus grand nombre, leur prodigieuse fécondité, la difficulté de les atteindre, le cosmopolitisme de plusieurs espèces, sont autant d'éléments qui rendent plus redoutables ces maudites *petites bêtes*, à la destruction desquelles nous avons vu concourir, souvent sans résultats, les efforts de l'homme, les intempéries et le parasitisme.

C'est à faire l'histoire *locale* d'un de ces hôtes malfaisants que cette Notice est consacrée. La plante à laquelle il s'attaque joue un trop grand rôle dans l'économie des sociétés modernes, pour que les faits que j'ai à signaler n'attirent pas l'attention sérieuse de l'administration, des cultivateurs et de toutes les personnes qui se préoccupent du bien-être public et de l'alimentation générale.

Mais avant d'aborder l'histoire de l'insecte qui nous cause un déficit notable dans nos récoltes de blé, je crois qu'il n'est pas sans intérêt de présenter la liste de toutes les espèces qui, jusqu'ici, ont été signalées comme nuisibles aux blés, afin de les faire connaître à tous les intéressés, et de provoquer de nouvelles recherches sur un sujet négligé trop longtemps dans le département de la Moselle.

Insectes nuisibles aux blés sur pied, avec leur synonymie et quelques indications sur leurs mœurs.

COLÉOPTÈRES.

1° **Calatous latous**, Dejean.

Carabus latus, Linné. — *Carabus flavipes*, Paykul. — *Carabus cisteloides*, Illiger. — *Harpalus latus*, Gyllenhal. — *Calathe*.

D'après quelques naturalistes allemands, la larve de ce carabique vivrait au pied des tiges de blé. Les dégâts causés par cet insecte sont peu considérables.

2° **Zabrus gibbus**, Dejean.

Harpalus gibbus, Gyll. — *Carabus tenebrosus*, Fab. — *Carabus madidus*, Oliv. — *Zabre bossu*. — *Getreïdelaufkœfer* des Allemands.

Cette espèce est assez abondante dans certaines années et plus particulièrement dans les terrains secs ; sa larve est, d'après les allemands, herbivore, nocturne et mange les jeunes épis selon les uns, les jeunes pousses de blé selon les autres. Enfin, selon quelques entomologistes, pendant le jour elle s'enfoncerait dans la terre près des racines, dont elle vivrait exclusivement. Des mœurs si différentes, selon les circonstances, sont peu probables, et il est permis de supposer que l'on a confondu entr'elles plusieurs espèces de la grande tribu des feroniens.

3° **Agriotes segetis**, Dej.

Elater segetis, Gyll. — *Elater lineatus*, Linn. — *Elater striatus*, Fabr. — *Taupin des Moissons*. — *Maréchal*. — *Saatschnelkœfer* en allemand.

Cet insecte, malheureusement assez commun partout, a une

larve jaune, vivant aux dépens des racines de plusieurs plantes et plus particulièrement de l'avoine et du blé ; elle cause souvent des dégâts très-considérables dans les champs où l'on cultive ces céréales, en faisant périr tous les plants qu'elle attaque*.

4° **Ptinus crenatus**, Fabr.

Cet insecte n'a pas encore été observé dans notre département ; sa larve vit aux dépens des jeunes tiges de blé, mais elle n'y cause pas grands dommages.

5° **Melolontha vulgaris**, Fabr.

Scarabœus vulgaris, Oliv. — *Scarabœus Melolontha*, Linn. — *Melolontha majalis*, Molli. — Hanneton, — Harlo, — Meuri, — Man, — Ver blanc, — Meikœfer, — Ingerling des Allemands.

La larve de ce coléoptère, trop bien connue de tous les cultivateurs, vit aux dépens des racines de beaucoup de plantes ; elle a déjà été l'objet d'un grand nombre d'observations, et les moyens les plus divers ont été proposés pour s'en débarrasser ; malheureusement, jusqu'ici, la question est encore à résoudre pratiquement.

6° **Amphimallon ruficornis**, Latreille.

Melolontha ruficornis, Fabr. — *Melolontha marginata*, Herbst. — *Scarabœus paganus*, Oliv. — *Scarabœus castaneus*, Herbst. — *Rhyzotrogus paganus*, Dejean.

La larve de ce petit melolonthide vit aussi dans la terre et aux dépens des racines des céréales, surtout dans les terrains

---

* M. Dagonnet (*Annales de la Société d'agriculture de la Marne* 1841) indique encore les larves des *Agriotes gilvellus*, Fabr., et *Gallicus*, Déj., comme attaquant les pieds du froment.

A propos des mœurs des larves des Elaterides, M. Ed Perris (*Annales de la Société des Ent. de France*, 3e série, tome II°, page 156) ajoute cependant : « Je ne renonce pourtant pas à penser que les larves d'Elaterides, qui semblent exclusivement herbivores, sont carnivores dans l'occasion ; peut-être même leur arrive-t-il quelquefois de n'attaquer les céréales que pour dévorer les larves de *Chlorops* ou autres qui s'y logent.

Ces citations prouvent combien il y a de faits nouveaux et intéressants à observer dans les habitudes de ces insectes.

secs et sablonneux, où elle est quelquefois assez abondante pour y causer des pertes considérables.

7° **Anisoplia fruticola**, Fabr.

Melolontha campestris, Fabr. — *Melolontha segetum*, Herbst. — *Getreidelaubkœfer* des Allemands.

Ce petit hanneton, très-rare en France, vit aux dépens des racines du blé dans les parties méridionales de l'Europe.

8° **Anisoplia agricola**, Muls^t.

Melolontha agricola, Fabr. — *Scarabœus villosus*, Fabr. — *Melolontha fruticola*, Walken. — *Melolontha graminicola*, Latr. *Feldlaubkœfer* des Allemands.

Souvent très-abondants dans nos moissons, on voit ces insectes groupés en paquets de quatre, six, huit ou douze individus, le long du chaume des blés, dont ils mangent les jeunes feuilles ; la larve vit dans la terre aux dépens des racines de plusieurs céréales. Dans notre département cette espèce est assez rare, elle est plus méridionale.

9° **Phyllopertha horticola**, Muls^t.

Scarabœus horticolus, Lin. — *Melolontha horticola*, Fab. — *Anisoplia horticola*, Latr. — *Scarabœus viridicollis*, Degéer. — *Scarabœus ustulatipennis*, Villa. — *Anomala horticola*, Burm. *Gardenlaubkœfer* en allemand.

Cette espèce se trouve dans nos moissons au moment de la floraison du blé ; sa larve vit aussi aux dépens des racines de plusieurs autres plantes.

10° **Cerandria cornuta**, Dejean, catal.

Trogosita cornuta, Fabr. — *Phaleria cornuta*, Latreille. — *Uloma cornuta*, Guérin.

Dans l'article, sur les insectes nuisibles, de l'*Encyclopédie moderne*, M. Guérin signale cette espèce comme nuisible aux blés, mais sans entrer dans aucun détail sur ses habitudes.

Cet insecte est d'ailleurs extrêmement rare dans notre département.

11° **Calamobius gracilis**, Guérin.

Saperda marginella, Fabr. — *Agapanthia marginella*, Serville. — *Saperda gracilis*, Creutzer. — *Cerambix gracilis*, Nordlinger : — En français *Aiguillon*, — En allemand *Getreidebekehen*.

La larve de ce petit longicorne, essentiellement méridional jusqu'à présent, vit dans l'intérieur du chaume du blé, qu'elle parcourt dans toute sa longueur, depuis l'épi jusqu'au collet de la racine où elle passe l'hiver. C'est, d'après M. Guérin Menneville, à cet insecte que l'on doit rapporter les pertes considérables occasionnées, en 1846, dans les blés des environs de Barbezieux, département de la Charente.

12° **Lema cyanella**, Fabricius.

Crioceris cyanella, Fabr. — *Auchenia cyanella*, Marsh. — *Chrysomela cyanella*, Linn. — *Cryptocephalus cyanellus*, Linn. — *Criocère tout bleu*, Geoffroy. — *Getreide hœuhchen* en allemand.

Cette petite chrysoméline est assez commune dans nos moissons, aux mois de juin et de juillet ; M. Nordlinger la signale comme nuisible aux blés, mais sans faire connaître ses mœurs. L'abondance avec laquelle on rencontre quelquefois cet insecte mérite de fixer l'attention des entomologistes et des agriculteurs.

13° **Lema melanopa**, Fabr.

Crioceris melanopa, Fabr. — *Crioceris hordei*, Fourcr. — *Chrysomela melanopa*, Lin. — *Cryptocephalus melanopus*, Linné. — *Auchenia melanopa*, Marsh. — *Lema cyanipennis*, Dufto. — *Criocère bleu à corselet rouge*, Fourcroy.

Espèce peu commune dans notre département, on la rencontre dans les graminées. M. Nordlinger la signale comme nuisible aux blés, et Réaumur dit que sa larve vit aux dépens de l'orge et de l'avoine dont elle mange les jeunes feuilles.

HYMÉNOPTÈRES.

14° Cephus pygmœus, Fabr.

Banchus spinipes, Panzer. — *Sirex pygmœus,* Coq. — *Trachelus pygmœus,* Jurine. — *Getreide halwespe* des Allemands.

Cette petite tenthrèdide, très-répandue dans plusieurs parties de la France, est heureusement encore inconnue dans notre département. Sa larve, ou fausse chenille, vit dans l'intérieur du chaume, près du collet de la racine; en rongeant les parties internes de la tige elle en affaiblit l'épaisseur et la fait casser au moindre vent. Il serait bon, toutefois, de surveiller les blés versés et de s'assurer si ce phénomène assez fréquent n'aurait pas pour principale cause la présence de cet hyménoptère.

HÉMIPTÈRES.

15° Miris tritici, Guérin.

Espèce désignée par M. Guérin[*], comme vivant aux dépens des blés, mais cet auteur ne donne aucune description de l'insecte, ni aucune indication sur ses habitudes.

16° Miris dolabratus, Fabr.

Miris lateralis, Latr. — *Cimex dolabratus,* Linn.

Cette espèce de punaise, de forme très-alongée, vit sur les épis et les chaumes du blé, dont elle suce la sève; j'en ai trouvé un assez grand nombre dans les champs humides de Borny et de Vallières.

17° Aphis granaria, Curtis.

Ce puceron, dont la femelle était assez commune dans les champs de blé de toutes les parties du département que j'ai

---

[*] *Encyclop. mod.,* page 275, tome XVIII.

visitées, en 1856, au mois de juillet, implante son suçoir sur le rachis des épis, ou sur le pédoncule des épillets et en absorbe la sève. Si les pucerons étaient très-abondants ils ne laisseraient pas de causer un assez grand dommage aux blés ; mais il paraît que cela n'arrive que très-rarement, et seulement dans des circonscriptions fort restreintes.

18° **Aphis avenæ**, Fabr.

Puceron des avoines, — *Hafer blatt laûs* des Allemands.

Ce puceron, aussi remarquable par sa forme globuleuse que par sa couleur insolite, se rencontre sur un grand nombre de graminées, aux mois de juin et de juillet. Comme le précédent, on le trouve dans les épis, mais je ne l'ai jamais trouvé qu'en petit nombre sur chacun d'eux ; il paraît cependant plus répandu que le précédent.

THYSANOPTÈRES.

19° **Thrips cerealium**, Burmeister.

Thrips physipus, Kirby. — *Limnothrips cerealium*, Haliday. — *Thrips obscura*, Muller. — *Getreide blasen fus* des Allemands.

Ce singulier insecte, dont la classification a longtemps embarrassé les naturalistes, est assez commun dans les blés de la plaine de Thionville et dans ceux de la vallée de la Seille, mais il n'est abondant nulle part ; dans le pays-haut on le rencontre rarement.

A l'état de nymphe blanche, jaune, ou rouge vermeil, il vit entre le grain et ses enveloppes florales, et très-souvent au milieu des larves de la cécidomyie du froment.

Plusieurs auteurs le signalent comme très-nuisible, mais l'organisation de ses mâchoires et celle de ses mandibules semble contredire la manière de vivre qu'on lui prête. Cette circonstance me paraît devoir nécessiter de nouvelles recherches sur ses habitudes.

LÉPIDOPTÈRES.

20° **Agrotis segetum**, Ochsenb.

Noctua segetum, Hubn. — *Noctua segetis*, Herbst. — *Noctua cubicularis*, Fabr. — *Ceradrina segetis*, Guéné. — *Noctua sordida*, Schiffen. — *La Moissonneuse.* — *Wintersaaltœulc.* — *Erd raupe* des Allemands.

La chenille de ce petit papillon vit aux dépens des jeunes plantes de blé; elle a quelquefois causé de très-grands dommages en Allemagne.

21° **Agrotis exclamationis**, Ochsenb.

Noctua tritici, Linn. — *Noctua vitta*, Hubner. — *Noctua crassa*, Hubner. — *Noctua exclamationis*, Fabr. — *Bombyx exclamationis*, Esp. — *La double tache.*

La chenille de cette noctuelle vit, comme celle de la précédente, aux dépens des feuilles de plusieurs espèces de graminées et plus particulièrement de celles du blé.

22° **Polia ochroleuca**, Boisduval.

Noctua ochroleuca, Hubner. — *Xanthia ochroleuca*, Ochsen. — *Noctua flamma*, Fabr. — *Ilarus ochroleucus*, Boisd. — *Die weizen gelbe œule* des Allemands.

M. Nordlinger (*Die Kleine feinde*, etc.), signale cette petite noctuelle comme étant très-nuisible aux blés, mais ce naturaliste ne donne pas les détails nécessaires pour faire connaître ses mœurs et ses habitudes.

23° **Pyralis frumentalis**, Linné.

Phalena repandata, Fabr. — *Pyrale du froment*, Deville. — *Scopula frumentalis*, Duponchel. — *Pyralis repandalis*, Hubn. — *Saatzunsler* en allemand.

C'est encore dans l'ouvrage de M. Nordlinger que cette espèce est signalée comme nuisible au froment, mais l'auteur ne nous apprend rien sur les habitudes qui sont particulières à cette Tinéide.

DIPTÈRES.

24° **Cecidomyia destructor**, Say.

Cécidomyie. — Hessian fly des Anglais et des Américains. — Mouche de Hesse. — Hessen fliege. — Weisen verwuste des Allemands.

Cette tipulaire gallicole serait, au dire des Américains, une importation faite par les Hessois, dans le siècle dernier. Si cette assertion est exacte, il faut convenir que la mouche de Hesse a trouvé aux États-Unis des conditions bien favorables à son développement ; car, en peu d'années, elle s'y est multipliée en telle quantité que c'est par centaines de millions de dollars que l'on évalue les pertes causées par cette petite mouche.

D'après Kollar[*], la *Cecidomyia destructor* aurait été observée par lui en Hongrie. Cet insecte est jaune avec des poils noirs sur le corps, les ailes noirâtres, sur lesquelles la couleur jaune du corps s'étend quelquefois, les antennes blanchâtres, etc. Cet insecte, qui n'a été décrit qu'en 1818, par Say, *vit à l'état de larve sur les tiges du blé*, qu'il affaiblit, et au moindre vent ces tiges se couchent en s'entremêlant les unes dans les autres. Rien de ce genre ne s'est encore observé en France, en Belgique, en Angleterre, ni dans une grande partie de l'Allemagne.

25° **Cecidomyia flava**, Meigen.

Cette espèce semblable, pour la forme et la couleur, à la *Cecidomyia tritici* de Latreille, a des mœurs analogues à celles de la *Cecidomyia destructor* des Américains. Sa larve vit aussi sur la tige du froment, y parcourt ses métamorphoses et, selon M. Viennerst, ne fait jamais périr la plante.

J'ai recherché cette cécidomyie sur un grand nombre de pieds

---

[*] V. Nordlinger, *Loc. cit.*

de blé, pendant le mois de juillet, et je n'ai pu la rencontrer dans nos moissons.

26° **Cecidomyia tritici**, Latreille.

Tipula tritici, Kirby. — *Cécidomyie du froment*, — *Weizen mücke* des Allemands.

Cette espèce, décrite parfaitement par MM. Nordlinger et Bazin, diffère essentiellement de la description rapportée plus haut et donnée par Kollar, pour la *Cecidomyia destructor* de Say, dont les mœurs sont également différentes. D'après Say, Kollar et Aza Fischt, la larve de la cécidomyie américaine est blanchâtre, elle passe l'hiver sur la tige, et c'est au printemps qu'elle commet ses ravages.

Kollar et Say sont d'accord pour rapporter à la même espèce les ravages occasionnés en Amérique et dans l'Attenbourg Hongrois. Cependant la description de Kollar, *qui a vu et observé l'insecte en Hongrie*, ne peut s'appliquer à l'insecte décrit par Latreille, sous le nom de *Cecidomyia tritici*.

Les individus comparés par M. Lucas, à la *Cecidomyia tritici*, Latr., que lui a envoyé M. Bazin, ne sont donc pas semblables à la cécidomyie décrite par Kollar. Ces motifs me paraissent établir complétement la différence qu'il y a entre la *Cecidomyia destructor*, Say, et la *Cecidomyia tritici*, Latr. Celle-ci a d'ailleurs des mœurs qui justifient mon opinion. En effet, elle pond sur l'épi, avant la floraison, sa larve est jaune et la nymphe passe l'hiver dans la terre.

C'est à la cécydomyie du froment que M. Bazin rapporte les causes du déficit de notre dernière récolte.

27° **Chlorops lineata**, Macquart.

Musca lineata, Fabr. — *Musca pumilionis*, Gmelin. — *Oscinis lineata*, Latr. — *Chlorops cerceris*, Meigen. — *Rogenfliege* des Allemands.

Cette petite mouche, remarquable par ses yeux verts, ainsi que l'indique le nom générique, est plus répandue dans le midi de la France que dans les autres départements. J'ai cependant trouvé un assez bon nombre d'individus de cette espèce dans un champ près de Vallières.

Elle est d'autant plus redoutable qu'elle a deux générations par année ; les individus éclos en mai ou en juin pondent sur la tige du blé, vivent aux dépens de celle-ci dans les parties recouvertes par les gaînes des feuilles, et font ainsi avorter le grain ou ne lui laissent prendre que peu de nourriture. Ces premières larves subissent leur métamorphose dans le bas de la tige et éclosent en septembre ou en octobre, et bientôt ces nouvelles femelles vont déposer leurs œufs sur les jeunes tiges du blé nouvellement levé ; les larves qui en éclosent s'y développent à leurs dépens, passent l'hiver engourdies, et, au mois de mai suivant produisent de nouveaux insectes.

28° **Chlorops lœta**, Waga.

29° **Chlorops Herpini**, Guérin.

30° **Chlorops glabra**, Meigen.

31° **Chlorops frit**, Curtis.

Musca frit, Linn. — *Oscinis frit*, Fallen. — *Mouche frit fritfliege*, des Allemands.

32° **Chlorops tœniopus**, Meigen.

Oscinis devastator, Curtis. — *Tephrits hordei*, Macq.

33° **Agromyza fuscipes**, Macquart.

Toutes ces espèces de muscides, et probablement encore beaucoup d'autres mal définies et mal observées, ont été souvent confondues entr'elles. Il est probable que chaque contrée avait, dans l'origine, son espèce particulière, mais que peu à peu, par les changements de semences, les transports de fourrages, etc., ces différents insectes se sont répandus, et que c'est ainsi que l'on peut expliquer comment la même localité est tantôt ravagée par une espèce, tantôt par une autre.

Il est aussi bon de faire remarquer que la même espèce de

chlorops attaque à la fois plusieurs sortes de céréales : ainsi le *Chlorops frit* ravage plus particulièrement l'orge de la Suède et le blé barbu du nord ; le *Chlorops lœta*, les blés de la Pologne, etc.

En résumé, il y a une riche moisson de faits nouveaux et très-intéressants à recueillir dans l'étude de ces petits moucherons.

Bien que cette liste soit déjà longue, il est évident, pour les entomologistes, qu'elle est loin de représenter la nomenclature de tous les insectes qui vivent aux dépens du froment sur pied.

Si, parmi les ennemis de cette utile graminée, nous trouvons des coléoptères qui semblent avoir abandonné les mœurs carnassières pour en manger les épis, ne devons-nous pas nous étonner de ne voir prendre part à cette curée ni Curculionite ni un plus grand nombre de Microlépidoptères.

Une plante cultivée dans tous les pays et dès la plus haute antiquité doit certainement servir de pâture à un plus grand nombre d'insectes, et il est évident pour moi que plusieurs maladies du blé, attribuées jusqu'ici à des influences atmosphériques, n'ont pas d'autre cause que la présence de quelque larve, ou de quelqu'insecte parfait, attaquant l'un des organes de la plante.

On répète souvent que tout dégénère et que nos cultures sont attaquées par des maladies ou des insectes inconnus jusqu'ici ; les explications les plus diverses et les plus hasardées ont été données sur ce phénomène facile à comprendre pour les naturalistes.

« Dans les grandes réunions d'homme, disait M. Guérin, en 1851 [*], les lois naturelles sont continuellement violées. Nous devons lutter contre les tendances qui ont pour but d'établir une juste répartition des êtres, car nous avons besoin d'en multiplier quelques-uns outre mesure, pour nous nourrir, nous vêtir, etc. » ... « Les insectes se développent toujours en raison des subsistances qui sont à leur dis-

---

[*] Congrès central d'agriculture, session de 1851.

position; ils sont plus nombreux, et par conséquent plus dangereux, dans les pays de grande culture. »

A ces raisons il faut encore en ajouter une non moins importante, et qui atteint chaque jour de plus grandes proportions. Combien de nouveaux insectes introduits dans nos serres, nos jardins, nos champs et nos forêts par les plantes nouvelles que l'on y apporte des pays éloignés, et dont le climat se rapproche plus ou moins du nôtre, ce qui permet à ces nouveaux hôtes d'y vivre et souvent de s'y propager en se fixant sur les espèces congénères propres au pays.

Après avoir subi les intempéries de toutes sortes, résisté à la rapacité des nombreux ennemis que je viens d'énumérer et de ceux qui nous sont encore inconnus, le blé est enfin rentré dans nos greniers, ou prend place dans nos magasins après avoir été converti en farine ou en biscuit. Alors une nouvelle légion d'insectes destructeurs va fondre sur lui, et ces nouveaux ennemis détruiront quelquefois en peu de temps tout un approvisionnement.

J'ai également dressé la liste de toutes les espèces qui appartiennent à cette catégorie, en y ajoutant quelques notes sur la nature des dégâts qu'elles occasionnent.

Insectes nuisibles aux grains ou aux farines emmagasinés, avec leur synonymie et quelques indications sur leurs mœurs.

COLÉOPTÈRES.

34° **Sitophilus granarius**, Schoenher.

Curculio granarius, Linn. — *Curculio segetis*, Linn. — *Rhyncophorus granarius*, Herbst. — *Calandra granaria*, Fabr. — *Calandre*, — *Charançon du blé*, — *Getreider Rüssel*, — *Korn kœfer*, — *Korn wurm*, des Allemands.

Cet insecte est malheureusement trop connu ; des pertes incalculables sont annuellement causées par lui. Bien des procédés ont été inventés pour s'en débarrasser ; celui qui consiste à renfermer le blé dans des greniers mobiles, semble avoir eu le plus de succès jusqu'à présent. A la manutention de Paris, on fait en ce moment des expériences pour détruire ce charançonite. Ces expériences consistent à renfermer le blé dans de grands cylindres en tôle, où l'on fait arriver du gaz azote pour remplacer l'air et asphixier ainsi l'insecte et les larves, par leur séjour prolongé dans un milieu privé d'oxigène.

35° **Sitophilus oryzœ**, SCHOENHER.

Curculio oryzœ, LINN. — *Curculio frugilegus*, DEGEER. — *Curculio granarius*, STROEN. — *Rhynchophorus oryzœ*, HERBST. — *Calandra oryzœ*, FABR. — *Calandre du Riz.* — *Reinwurm*, — *Reisskäfer* des Allemands.

Cette espèce, voisine de la précédente, en compagnie de laquelle on la rencontre souvent, en a les mœurs et les habitudes, et les moyens de destruction employés pour la première lui sont également applicables.

36° **Trogosita caraboides**, OLIVIER*.

Tenebrio mauritanicus, LIN. — *Platycerus mauritanicus*, GEOFFR. — *Tenebrio caraboides*, FABR. — *Trogosite.* — *Cadelle.* — *Brodkœfer* des Allemands.

La larve de cet insecte vit dans la farine, le pain ou le biscuit conservé dans les magasins de l'armée ou de la marine, et y cause, dit-on, quelquefois des pertes sensibles.

* Dans son beau travail sur les Insectes du Pin maritime, M. Ed. Perris dit : « J'ai la certitude que la larve du *T. Cœrulea* est carnassière, car elle fait un grand carnage des larves lignivores au milieu desquelles elle vit, et je l'ai vu souvent, dans les bocaux où je l'élevais, mettre en pièces les larves de longicornes et autres que j'y introduisais. » — « Quant à la larve du *T. Mauritanica*, qui, sous le nom de Cadolle, est généralement maudite comme très-préjudiciable aux grains, j'ai la conviction, par analogie et sans l'avoir constaté personnellement, qu'elle est indignement calomniée et qu'elle ne se trouve dans les céréales que pour détruire les larves de Calandre et les chenilles d'Alucite qui en sont le véritable fléau. »

37° **Temnochila cœrulea**, Erichson[*].

Trogosita cœrulea, Oliv. — *Trogosita virescens*, Rossi. — *Trogosite bleue*. — *Blaue Brod kœfer*.

Espèce tout-à-fait méridionale, ayant les mœurs et les habitudes de la précédente, mais elle est beaucoup moins répandue.

38° **Tenebrio molitor**, Linné.

Tenebrion. — *Ver blanc de la farine*. — *Mehl kœfer*. — *Mehlwurm*.

Cet insecte, dont la larve est bien connue des meuniers et des boulangers, vit dans la farine, le seul moyen de s'en débarrasser consiste à bluter les farines où elle se trouve.

LÉPIDOPTÈRES.

39° **Asopia farinalis**, Treist.

Pyralis farinalis, Linn. — *Mehlzunzler* des Allemands. — *Phalena farinalis*, Fabr. — *Botys farinalis*, Latreille.

La chenille de ce petit papillon vit dans la farine et s'y trouve quelquefois en grande quantité.

40° **Butalis cerealella**, Guérin.

Tinea cerealella, Treits. — *OEcophora cerealella*, Latreille. — *Alucite*. — *Alucita cerealella*, Encyclop.

Ce Microlépidoptère, dont la chenille vit dans l'intérieur des grains de blé, a causé de véritables disettes en diminuant de 80 p. % les récoltes de certaines années.

La ponte se faisant sur le grain presque mûr, le meilleur moyen cultural de s'en préserver c'est de couper les blés avant leur maturité et de les conserver en moyette.

---

[*] Voir la note de la page 17.

41° **OEcophora granella**, Duponchel.

Tinea granella, Linn. — *Anacampsis granella*, Shep. — *Teigne des blés.* — *Korn motte*, — *Weizekornwurm* des Allemands.

La chenille de ce petit papillon, lie ensemble plusieurs grains pour s'en faire une sorte de coque. Après en avoir mangé plusieurs, elle s'enferme dans l'un d'eux ou se retire sur les murs et sur les poutres des magasins pour y achever ses transformations et se changer en papillon au printemps suivant.

Le tarare brise insecte, de notre compatriote M. Herpin, a été inventé pour se préserver des ravages de cette Tinéide.

D'après ce qui précède on voit que le blé a le triste privilége de nourrir une grande quantité d'insectes, et que ce n'est pas trop du concours de tous pour arriver à sauver de leurs dégâts la quantité nécessaire à l'alimentation publique.

Faire connaître les habitudes de l'un de ces parasites et proposer les moyens de le détruire ou d'en diminuer les ravages, tel est le but que vient d'atteindre un agronome et naturaliste distingué du département de l'Yonne, en publiant une brochure très-remarquable intitulée : *Notice sur un insecte qui a causé les plus grands ravages dans nos dernières récoltes de blé sur pied.*

Le titre seul, comme on le voit, suffirait pour appeler l'attention de toutes les personnes qui s'occupent d'entomologie appliquée et de tous les cultivateurs intéressés.

Le parasite dont parle M. Bazin, dans sa brochure, n'est pas nouveau pour la science entomologique, et il figure sur nos Catalogues depuis longtemps sous le nom de *Cecidomyia tritici* de Latreille.

C'est un petit insecte diptère de la tribu des tipulaires, ou, pour parler vulgairement, c'est un petit moucheron jaunâtre, ayant deux longues ailes transparentes et une taille d'environ deux millimètres de longueur sur quatre ou cinq d'envergure.

C'est à ce chétif insecte que M. Bazin attribue, avec raison, selon moi, les diminutions trouvées dans nos récoltes depuis plusieurs années. « Décrire cet insecte à-peu-près inconnu, rappeler les disettes qu'il a occasionnées dans d'autres pays, discuter les moyens employés pour s'en préserver, annoncer sa disparition probable, ou au moins son cantonnement dans des espaces restreints, tout en ayant la crainte de le voir paraître de nouveau après quelques années, aussi envahissant, aussi redoutable que dans le présent, » voilà le but que s'est proposé M. Bazin, et je me hâte d'ajouter qu'il a traité son sujet avec autant d'à-propos que de talent.

Les dégâts causés par la Cécidomyie du froment, dans la terre de Fumerault (*Yonne, arrond^t de Senlis*), n'étaient probablement pas limités à cette localité, et les déficits accusés dans nos récoltes, depuis quelques années, pouvaient aussi, dans notre département, avoir la même origine.

Constater de pareils faits, éveiller l'attention des autorités du département, des Comices agricoles, des cultivateurs, etc., m'ont paru des questions importantes, et vers la fin du mois de juin dernier je me mettais à l'œuvre. Dès le premier jour j'avais la douleur de constater dans nos blés la présence de milliers de cécidomyies, les unes voltigeant au-dessus des épis en fleurs, les autres confiant leur infernale progéniture aux embryons du grain.

Dans les épis défleuris, entre la glume et l'ovaire, j'ai trouvé un, deux, trois, quatre....., quinze et jusqu'à vingt-cinq petits vers d'un jaune citron, suçant la sève, au moment où elle arrive pour grossir le grain.

Pour celui qui a lu la brochure de M. Bazin, et pour des yeux aussi exercés que ceux d'un entomologiste, il est évident que les blés de nos environs sont aussi attaqués par la cécidomyie ; et que, si les indications du naturaliste de Fumerault sont justes, il faut aussi attribuer le déficit de nos récoltes à cette petite mouche, ou plutôt à ce petit ver jaune, et chercher à appliquer chez nous les moyens employés ailleurs pour en faire cesser les ravages.

Dans un travail, que la Société d'horticulture a imprimé dans son *Bulletin*, j'ai insisté sur la nécessité de bien spécifier les espèces qui attaquent une plante, quand on veut leur appliquer les procédés de destruction employés dans d'autres localités.

Si le doute n'est plus permis sur la présence d'une cécidomyie dans nos blés, l'examen de la planche qui la représente, la couleur de la larve, la description qui accompagne cette planche, suffisent pour faire naître des doutes sur l'identité spécifique de cet insecte avec la *Cecidomyia tritici* de Latreille.

Celle-ci, en effet, a une tarière plus longue, le corps plus convexe, le premier article des antennes de la femelle plus long que l'article correspondant des cécidomyies de nos blés, enfin les ailes de celle-ci sont fortement irisées. Tous ces caractères ne pouvaient avoir échappé à M. Bazin, et, l'époque différente à laquelle les femelles de l'une et de l'autre espèce opèrent leur ponte, me firent conclure à la différence spécifique de ces deux insectes.

Pour plus de certitude, j'ai adressé à M. Bazin un certain nombre des insectes pris par moi dans nos blés, ainsi que les larves qui mangent le grain, et voici la réponse qu'il m'a fait l'honneur de m'adresser : « J'ai reçu votre cécidomyie femelle (et le mâle probablement) avec les jeunes larves et les parasites. Ce sont précisément les mêmes insectes que j'ai recueillis au Ménil-Saint-Firmin, département de l'Oise, pendant ces derniers jours et que je recueille ici à mon arrivée. Mais ni cette cécidomyie, ni ce parasite ne sont les mêmes insectes que j'ai rencontrés *antérieurement très-abondamment.* »

La cécidomyie recueillie dans les environs de Metz n'est donc pas la *Cecydomyia tritici* Latreille. Ce ne peut être non plus la *Cecidomyia flava* de Meigen, dont elle n'a pas les mœurs ; ses habitudes de pondre sur l'épi en fleur l'éloignent également de la *Cecidomyia destructor* de Say, dont elle diffère aussi d'après la description de Kollar, trouvée exacte par Aza-Fritch lui-même.

Malgré mes recherches, je n'ai pu, jusqu'ici, la rapporter à aucune espèce décrite du genre Cécidomyie, auquel elle appartient cependant, et, pour éviter tout équivoque dans ce qui suit, je la désignerai sous le nom de *Cecidomyia mosellana*, prêt à faire le sacrifice de ce nom à celui qui l'aura déjà décrite ou qui le fera d'une manière plus complète que moi et plus en rapport avec les exigences de l'entomologie.

A la fin du mois de juin, un grand nombre de larves peuplaient déjà les épillets des blés de Borny, de Plappeville, etc., et on doit en conclure que ce n'était plus que quelques femelles attardées qui avaient été capturées, et que le plus gros de la ponte avait eu lieu huit ou dix jours auparavant, c'est-à-dire au moment de la floraison.

A cette différence près, la ponte de la cécidomyie de la Moselle se fait aussi le soir au coucher du soleil, et, pour déposer ses œufs, la femelle introduit sa tarière entre les enveloppes florales, de manière à placer les jeunes larves qui écloront à proximité de l'ovaire dont elles doivent absorber la sève. Ces larves sont apodes, comme celles des diptères, et ressemblent à de petits vers jaunes formés de plusieurs anneaux. Si on n'en rencontre que quelques-unes dans la même fleur, et c'est le cas le plus général, les grains sont seulement réduits du quart, du tiers ou de la moitié de leur grandeur naturelle et produisent ainsi un rendement effectif moindre et relativement de plus petite valeur commerciale, puisque tous ces grains passent *au petit blé*, lors du criblage. Si, au contraire, il se trouve dans la fleur une plus grande quantité de ces larves, comme je l'ai souvent observé, les grains avortent complétement et occasionnent au battage, un déficit d'autant plus considérable qu'il y a un plus grand nombre d'épillets dans ces fâcheuses conditions.

Les petits vers jaunes qui causent un pareil et si déplorable résultat, ont à peine deux millimètres de longueur sur un demi-millimètre de large, lorsqu'ils sont arrivés à leur complet développement; ils sont alors d'une couleur un peu plus foncée, tirant sur l'orange.

Leur présence dans les épis est souvent décélée par une tache jaunâtre placée sous la glume externe et d'autant plus apparente qu'il y a plus de larves dans l'épillet. D'après M. Bazin, cette tache serait placée à la base de la glume, mais très-souvent je l'ai observée au sommet de celle-ci; il arrive aussi assez fréquemment que les épillets renferment des vers jaunes sans que la glume soit maculée. Ce caractère n'est donc pas exclusif (au moins pour la Cécidomyie mosellane), bien que toutefois son existence soit l'*indice certain* de la présence des larves de cécidomyie. Ce sont ces épillets tachés de fauve que les cultivateurs appellent des *grains choqués*, et nous en avons surpris plusieurs, en leur montrant le petit ver jaune occupant la place d'un grain qu'ils croyaient détruit par le soleil.

A mesure que le mois de juillet avance, on rencontre de moins en moins de larves dans les épis, et, vers le 20, c'est à peine si l'on en rencontre encore quelques-unes dans les blés les plus fortement attaqués. Nous verrons plus tard ce qu'elles sont devenues, et par quelle adroite manœuvre elles abandonnent l'épi qui les a nourries.

Constater l'existence du mal ne suffit pas ; il est surtout très-utile d'en évaluer l'intensité, de prévoir ses résultats et de rechercher quelles proportions il peut prendre à l'avenir. Devons-nous craindre une aggravation, ou, au contraire, pouvons-nous espérer une diminution dans les dommages que nous subissons ; c'est ce que je vais examiner maintenant.

Profitant de l'obligeance de plusieurs personnes et de la tournée que j'ai faite, comme membre du jury de médecine, dans une partie du département, j'ai pu, depuis la fin de juin jusqu'au 20 juillet, faire le dépouillement de plus de 500 épis de blé pris au hasard dans plus de 200 sillons différents et provenant des 32 communes suivantes : Ars-sur-Moselle, Aumetz, Borny, Boulay, Bouren, Bouzonville, Burtoncourt, Colombey, Conflans, Fontoy, Freistroff, Gondreville, Gravelotte, Grimont, Grigy, Hayange, Jarny, Longuyon, Magny, Mercy-le-Bas, Mézières, Mondelange, Montigny, Montoy-Flanville, Novéant, Richemont, Talange, Uckange, Vallières, Villers-la-Montagne, Woippy et Xivry-Circourt.

308 épis provenant des communes que je viens d'indiquer ont été dépouillés très-attentivement, et, sur 259 d'entr'eux, j'ai pu constater la présence du petit ver jaune. C'est donc une proportion de 85 épis p. % qui sont attaqués. Ce rapport, déjà fort alarmant, le devient encore davantage quand on fait la décomposition des chiffres qui le représentent. En effet, sur 49 épis signalés comme n'ayant pas été atteints par la cécidomyie, 2 étaient malades et envahis par le charbon, 4 appartenaient à une variété tomenteuse, 11 à des variétés barbues, et enfin 32 étaient des épis chétifs, portés par des chaumes rabougris et ne renfermaient que des grains desséchés ; comme si la cécidomyie prévoyante ne voulait confier sa progéniture qu'à des plantes vigoureuses, capables de fournir aux jeunes larves une nourriture abondante. Il est à remarquer aussi que bon nombre de ces épis ne sont exempts de larves que parce qu'ils sont plus courts, l'insecte ayant plus aisé de pondre sur les épis plus élevés.

En faisant une décomposition semblable sur le chiffre de 259 qui représente le nombre des épis attaqués, on en trouve 39 dans lesquels les larves sont *très-abondantes*, et dont le nombre des grains avortés dépasse le dixième de la totalité de ceux portés par l'épi; 220 sont attaqués dans une moindre proportion, mais qui cependant dépasse en moyenne le vingtième du nombre des grains que l'épi aurait pu fournir. Enfin, sur ces 259 épis, il ne s'en trouvait que 2 appartenant à des variétés barbues et 12 à des variétés tomenteuses.

En poussant ce dépouillement plus loin, et en prenant 12 épis parmi ceux qui sont le plus fortement attaqués *, j'ai trouvé que ces 12 épis, qui renfermaient 480 grains de blé fécondés, en contenaient 46 complétement avortés, et 58 réduits à des proportions souvent fort petites des grains non attaqués. C'est donc 46 grains, plus 58 demi-grains ou 75 grains perdus sur ces 12 épis, et, par conséquent, un déficit total de 15 p. % environ pour les blés fortement attaqués. Heureusement que dans ce moment, du moins, cette proportion ne s'étend qu'à 39 épis sur 308, ou environ 13 p. % de la totalité des blés provenant des communes indiquées. Tandis que la proportion des épis non attaqués est de 15 p. % seulement, et que la perte s'élève à plus du vingtième sur le reste des épis, c'est-à-dire sur 72 p. % d'entr'eux.

Or, dans le département de la Moselle, on exploite pour la culture du froment, environ 86 mille hectares de terres qui rendent en moyenne 15 hectolitres par hectare. C'est donc une production annuelle de 1 million 290 mille hectolitres de blé.

Si sur tous les points du département, les blés étaient aussi fortement attaqués qu'à Gondreville, à Ars-sur-Moselle, à Plappeville, la perte totale s'élèverait à près de 200 mille hectolitres, représentant une somme de 4 millions de francs, au prix ordinaire de 20 francs l'hectolitre, et de plus de *sept millions de francs* au prix de ces dernières années.

Si, au contraire, tous les blés n'étaient que faiblement attaqués, ce qui probablement n'est déjà plus vrai, la perte totale serait encore de 5 p. % de la production annuelle, soit près de 65 mille hec-

* Six de Plappeville, trois de Gondreville et trois d'Ars-sur-Moselle.

tolitres, représentant une perte moyenne de 1 million 300 mille francs, et plus de *deux millions* en suivant les dernières mercuriales.

En réalité, la perte totale doit être calculée d'après les proportions relatives du nombre des épis plus ou moins atteints par la cécidomyie. Nous aurons donc un déficit de 25 mille hectolitres d'une part, 45 mille de l'autre ; en tout 70 mille hectolitres pour le déficit de 1856.

Cette quantité représente l'alimentation de la ville de Metz pendant deux années, et une perte en numéraire de plus de *deux millions* d'après le prix du blé sur les marchés de 1856. Je suis convaincu que ce chiffre représente à peine l'évaluation de notre perte, et j'ai la crainte de la voir s'augmenter encore, si l'on ne se hâte d'apporter des obstacles à la propagation de cette maudite cécidomyie. Selon moi, tout le pays-haut ne fait que subir les premières atteintes du mal, et la question qui m'occupe, demande une prompte solution, si on ne veut pas avoir à déplorer de plus grands désastres.

La nécessité de ce que j'avance a été bien comprise par M. le Ministre des travaux publics et de l'agriculture, aussi vient-il de confier à M. Bazin, de Fumerault, une mission au sujet de laquelle celui-ci m'écrivait :

« Votre lettre m'est remise au moment où j'arrive de Bourgogne, après avoir parcouru une grande partie de la France pour étudier les ravages de la cécidomyie. J'ai acquis la certitude que cet insecte, éminemment destructeur, est néanmoins complètement inconnu ou tout au plus entrevu quelquefois à l'état de larve, quoiqu'il se rencontre presque partout, et que sur quelques points, du midi ou du nord, où j'ai pu séjourner quelque temps pour en apprécier le nombre, il occasionne cette année des dégâts très-sensibles. En présence de cette sécurité complète de la part des cultivateurs, il m'a fallu entrer en relation avec les entomologistes, leur montrer dans les champs de blé la cécidomyie pondant sur les épis, les prier d'étudier leurs mœurs, de donner connaissance de leurs observations aux sociétés agricoles, dans l'espoir que l'on se préoccuperait enfin d'un ennemi qui est partout et qui n'est vu nulle part. Il va donc y avoir cette année, et il y aura encore plus l'année prochaine, je l'espèce, des observations sérieuses faites sur ce sujet, sur tous les points de la France. »

Le département de la Moselle, envahi, comme tant d'autres, par la cécidomyie, ne saurait rester en arrière dans cette croisade générale contre un ennemi commun, et j'ose espérer que la Société d'horticulture fera tous ses efforts pour appeler l'attention de l'autorité et celle des hommes compétents sur une question aussi importante.

J'ai consulté plusieurs cultivateurs sur l'existence des petits vers jaunes dans les épillets. Quelques-uns avaient déjà observé ces vers, dès 1855, dans les communes de Herny, d'Arriance, de Many, etc., où *ils étaient moins abondants que cette année*, mais sans pour cela y attacher d'importance, et sans se douter de la nature du mal qui envahissait leurs moissons. D'autres cultivateurs, et c'était le plus grand nombre, ignoraient complétement l'existence de ce fléau. Enfin, d'autres ont attribué les taches observées sur les épillets, aux brouillards, aux derniers froids et aux coups de soleil. Pour ceux-ci, la présence de ces larves était la conséquence toute naturelle de l'altération survenue dans le tissus des enveloppes du blé pendant le mauvais temps. Malgré mes raisonnements, je reste convaincu que je ne les ai pas persuadé et que plusieurs se moquent encore de mes petites mouches mangeant leurs quartes de blé. Dans le pays-haut, ils n'ont pas eu à souffrir de déficit dans leurs récoltes de ces dernières années ; ils ne connaissent pas encore le petit ver que je leur ai montré et dont ils semblent fort peu se soucier. Puissent-ils toujours rester aussi confiants et conserver longtemps la presqu'immunité dont ils jouissent cette année?

Après avoir démontré la présence de la cécidomyie dans nos moissons, après avoir évalué les pertes qu'elle y occasionne, il est temps d'aborder la question principale et d'examiner les moyens proposés ou à proposer pour s'en débarrasser.

Suivant la loi générale, que j'ai déjà eu occasion de rappeler ailleurs[*], le développement prodigieux de cette Tipulaire a dû aussi favoriser considérablement la multiplication de ses ennemis naturels.

---

[*] Introduction à l'*Histoire des Insectes nuisibles*, dans le département de la Moselle.

Le parasitisme, enfin, est le premier secours envoyé par la Providence pour limiter la fécondité extraordinaire de cette cécidomyie.

En examinant les épis de blé, on remarque sur presque tous un petit insecte noir, à quatre ailes transparentes, qui semble se promener avec inquiétude sur le rachis de l'épi ou sur le pédoncule des épillets. Ce petit moucheron a environ un millimètre et demi de longueur; il appartient à la grande famille des ichneumons et au genre *Platygaster* des entomologistes.

Le nombre des parasites que l'on rencontre dans le même épi, est très-variable, ordinairement deux, trois ou quatre ; M. Bazin les a vus quelquefois à plus d'une douzaine. Très-rarement je les ai aperçus sur des épis dépourvus de larves de cécidomyie.

D'après M. Bazin, le *Platygaster* qu'il a rencontré en compagnie de la *Cecidomyia tritici*, pond ses œufs à côté de ceux de cette dernière. Je n'ai pu voir le *Platygaster* de nos moissons pondant sur les épis. Mais *ce que j'ai vu*, c'est que, sur mon bureau, des platygaster ont pondu sur des vers jaunes, et l'un d'eux y avait même tellement enfoncé sa tarière qu'il a traîné la larve à sa suite à une distance de plusieurs centimètres avant de pouvoir la dégager.

En regardant attentivement, on ne tarde pas à reconnaître parmi ces parasites deux espèces bien distinctes, l'une, beaucoup plus abondante que l'autre : c'est le *Platygaster punctiger* de Nees (*Inostemma punctiger*, Walker), l'autre, beaucoup plus curieuse et plus variée de couleur, c'est le *Platygaster scutellaris*, Nees. Enfin, M. Goureau, dont le nom se rencontre toujours quand il est question d'entomologie appliquée, m'a adressé les observations suivantes : « Les plus beaux froments, dans les environs de mon village (Sautigny, dans le département de l'Yonne), sont ceux qui m'ont paru le plus attaqué ; les parasites jouent leur rôle et sont en grand nombre, mais il me semble qu'ils n'ont pas encore pris le dessus complétement. Le principal d'entr'eux, le plus nombreux, est un très-petit Oxyurien du genre *Platygaster*, appelé *Platygaster inserens* par Curtis : il est entièrement noir. Chaque platygaster coûte la vie à une cécidomyie, et il en faut une multitude infinie pour arrêter le développement de ces dernières. Il existe un autre parasite plus expéditif, mais beaucoup moins abondant, qui contribue pour sa part à protéger nos moissons. C'est un assez grand ichneumonien du genre

Coleocenter, dont j'ignore le nom dans ce moment; la femelle pond ses œufs dans les épillets remplis de larves de cycidomyies et sa larve consomme une grande quantité de celles de ce diptère. »

Ainsi, partout où la cécidomyie exerce sa funeste influence, partout le parasitisme se fait sentir. Ici, une espèce pondant sur les larves; là, à côté de l'œuf qui doit la produire; ailleurs, peut-être, d'une autre manière encore; mais partout en produisant une larve qui vivra aux dépens de celle de la cécidomyie; de sorte que l'année suivante il éclorera un platygaster au lieu de la nuisible tipulaire. Si donc les parasites sont abondants, on peut espérer que beaucoup de larves de cécidomyies avorteront et que leur accroissement cessera d'avoir lieu. Mais si, au contraire, le nombre des parasites est très-restreint, ne doit-on pas en conclure que le nombre des cécidomyies ira en augmentant? c'est ce que les cultivateurs du pays-haut ne tarderont pas à apprendre, car c'est à peine si j'ai rencontré les *Platygaster scutellaris*, *punctiger* ou *inserens* dans les épis de cette partie du département; cependant un bon nombre des épillets contenaient des larves de cécidomyies.

Je crois avoir démontré que le secours naturel du parasitisme ne suffit pas pour détruire les insectes nuisibles, et que, dans tous les cas, il ne peut empêcher leur invasion dans une contrée. M. Bazin, dans sa brochure, semble être plus confiant que moi dans ces auxiliaires providentiels. J'ai cru devoir lui communiquer mes doutes à ce sujet et voici sa réponse: « Les croyants, tels que nous, ne peuvent pas exprimer toutes leurs appréhensions de crainte de semer le découragement au milieu des habitants des campagnes, déjà si maltraités par les dernières récoltes. Je ne puis parler des ravages des cécidomyies qu'en exaltant bien haut les services rendus par les parasites et en les faisant meilleurs qu'ils ne sont. » Ceci me paraît péremptoire et suffira, je pense, pour prouver à tout le monde qu'il est enfin temps de sortir de l'aveugle confiance avec laquelle on semble compter sur la disparition spontanée d'un mal dont on ignorait l'origine, et qui s'est cependant développé, accru ou propagé, malgré l'existence de plusieurs espèces destinées par la nature à en diminuer le nombre.

C'est donc à l'homme qu'il appartient de combattre cet ennemi de nos froments; c'est sur son travail qu'il peut désormais compter pour anéantir ce chétif insecte ou limiter les dégâts qu'il nous cause.

Mais comment atteindre ce faible moucheron, qui échappe presque à nos yeux, et auquel la bonté divine a donné un admirable instinct et a appris la botanique pour découvrir au loin un nouveau champ de blé, l'organographie pour y découvrir la place de l'ovaire, et la physiologie pour y opérer sa ponte au moment propice, afin que la jeune larve éclose à l'époque où une sève riche et succulente arrive en abondance pour former le grain !

Quels moyens culturaux* employer ? Quels sont ceux que la théorie indique et, parmi ceux-ci, quels sont ceux que l'expérience a consacrés ?

Dans le mémoire que j'ai déjà eu occasion de rappeler, je disais que le changement de culture, l'introduction de variétés nouvelles, pouvait souvent amener, sans grandes dépenses, des résultats très-satisfaisants dans la destruction des insectes nuisibles. Il a été dit plus haut que, sur 308 épis, il ne s'en était trouvé que 2, appartenant à une variété barbue, qui avaient été atteints par la cécidomyie, tandis que 13 en étaient exempts. Les variétés à bales et à glumes tomenteuses étaient aussi plus épargnées. Toutes choses égales d'ailleurs, il y aurait peut-être avantage à ne cultiver, pendant un certain temps, que des froments à épis velus ou barbus, afin d'arrêter les progrès de la cécidomyie.

Cette espèce d'immunité dont semblent jouir les variétés de blé

---

* M. Guérin propose la dénomination de *moyens culturaux* pour tous les procédés de destruction des insectes nuisibles, basés sur la connaissance exacte de l'organisation, et surtout des mœurs de ces animaux, trouvés principalement dans quelque pratique d'agriculture, qu'il est possible et facile d'appliquer dans la grande culture, et dont le prix de revient n'est pas hors de proportion avec la valeur de la récolte qu'il s'agit de préserver.

Les *moyens horticoles* sont ceux d'un emploi long, difficile, continu, et dont il n'est possible d'user que sur une échelle très-restreinte et dans les jardins.

(*Mémoire sur les moyens de se préserver des attaques de l'alucite*, par M. Guérin Menneville, lu à l'Académie des Sciences, le 8 décembre 1851.)

que je viens d'indiquer, se comprend aisément. En effet, les longues barbes dont sont aristées les glumes s'opposent à l'approche de la cécidomyie, dont les ailes de gaze seraient déchirées par les dents de ces longues arêtes. La villosité qui recouvre les enveloppes florales des espèces tomenteuses, est aussi un obstacle à l'introduction de la tarière des femelles ; car ces tarières sont si fragiles que souvent elles restent engagées dans le tissu des enveloppes des épillets ordinaires.

D'autre part, l'étude comparative des variétés cultivées dans une contrée amènerait peut-être la découverte d'espèces ou de variétés plus souvent attaquées, et, par conséquent, leur proscription dans nos cultures ? Dans tous les cas, ces recherches sont très-utiles à tenter, mais, il ne faut pas se le dissimuler, elles sont entièrement locales ; on doit s'attendre à rencontrer ici une variété privilégiée, tandis qu'ailleurs cette variété sera plus attaquée, et *vice versâ*.

Nous avons dit que la cécidomyie de la Moselle opérait sa ponte vers la fin du mois de juin, pendant la floraison. Semer plus tôt ou plus tard, cultiver des variétés précoces ou tardives, de manière à avancer ou à retarder la sortie des étamines, et troubler ainsi l'insecte dans le moment d'opérer sa ponte, en ne lui présentant que des épis trop jeunes ou des grains déjà formés, ne paraissent pas des moyens faciles à employer et capables de produire de grands résultats pendant quelques années.

Un écart de quinze jours en avant ou en arrière de l'époque de la semaille (la saint Remy), est d'ailleurs tout ce que l'on peut espérer dans ce sens, parce qu'il faut que le blé ait une certaine force pour passer l'hiver, et que l'on doit aussi faire en sorte qu'il ne soit pas trop avancé quand les premiers froids se font sentir.

On sait aussi qu'un retardement de quinze ou vingt jours dans l'époque de la semaille ne produit pas une aussi grande différence au moment de l'épiage ou de la floraison. L'expérience semble d'ailleurs condamner cette méthode ; et, si certains terrains ou quelques variétés de blé permettent de l'employer, on ne saurait, en général, en tirer parti pour la destruction de la cécidomyie. J'ajouterai encore que cet insecte n'éclosant jamais dans le lieu où il doit pondre, il est obligé d'émigrer pour aller chercher d'autres champs. Ces petites mouches sauront donc toujours trouver des froments dans un état convenable de floraison, celle-ci ne se faisant pas à la fois dans tout un canton, de même que toutes les cécidomyies n'éclosent pas et ne pondent pas en même temps.

Si toutes ces raisons sont insuffisantes pour démontrer combien il faut peu compter sur l'efficacité d'un changement à produire dans l'époque de la floraison ou de l'épiage, j'ajouterai enfin que les animaux supérieurs, que l'on change de climat, ne tardent pas à mettre l'époque de leur parturition en harmonie avec les nouvelles conditions climatologiques où on les a placés. Je suis convaincu qu'il en serait ainsi avec les cécidomyies, et qu'il faudrait varier continuellement les époques d'ensemencement pour n'obtenir qu'un résultat de peu d'importance. Dans notre climat, où l'on rencontre des terres de nature aussi variée, rien de général ne saurait d'ailleurs être entrepris avec succès.

C'est donc l'insecte lui-même que nous devons chercher à détruire, et nous allons examiner successivement ses divers états, afin de trouver celui sur lequel il nous sera plus facile d'agir avec succès.

Le moment où les étamines commencent à sortir des enveloppes florales, est, je crois, pour la cécidomyie mosellane, celui de la plus grande activité parmi ces insectes. Pendant le jour cette mouche se cache probablement sous les feuilles ou au bas des tiges, mais si le ciel se couvre pendant la journée, et le soir, au coucher du soleil, on les voit par centaines voltiger au-dessus des épis. Est-ce pendant ce temps que s'opère le rapprochement des sexes? c'est ce que je ne saurais dire; mais il est permis de le supposer, puisque l'on rencontre constamment des mâles, peu nombreux du reste, avec les femelles que l'on capture.

Quoi qu'il en soit, les manœuvres continuelles de ces moucherons ont surtout pour but celui de reconnaître les épis et de leur confier les œufs, dont le nombre me paraît très-variable pour chaque femelle; mais qui cependant paraît assez considérable, puisque la même femelle pond successivement sur plusieurs épis dans chacun desquels elle laisse deux, trois, quatre, cinq ou six œufs. Quand il y en a davantage, dit M. Bazin (pour la cécidomyie du froment), c'est que plusieurs femelles ont pondu sur le même épi. C'est à ce moment de la journée que l'agronome de Fumerault conseille de chasser ces insectes, en se servant, pour cette opération, d'un filet analogue à celui des entomologistes. Cette opération doit se pratiquer dès le début de l'apparition des cécidomyies, car celles-ci ne vivant pas longtemps, la capture d'une femelle dont l'ovaire est déjà vidé ne servirait à rien.

J'avais conçu des doutes sérieux sur l'efficacité de cette chasse et sur la difficulté de la pratiquer, pendant plusieurs jours, sur des centaines d'hectares cultivés en froment. Voici ce que M. Bazin m'a fait l'honneur de répondre aux objections que je lui avais adressées :

« Quant au mode de destruction de la cécidomyie du froment, je ne partage pas vos antipathies pour le filet des entomologistes modifié, alongé de manière à embrasser de grands espaces à la fois. Les cécidomyies sont dans les pièces de blé dès avant l'épiage, tous les soirs, un peu avant le coucher du soleil, elles voltigent pour s'assurer si les épis commencent à paraître. Les premiers épis qui sortent sont donc envahis et abîmés de larves. Par un beau temps toutes les cécidomyies sont en mouvement le soir. En ayant égard à ces circonstances j'en ai recueilli et détruit, par le simple procédé que j'indique, sur un hectare de terre, une quantité beaucoup plus considérable que celle sur laquelle je comptais. Dans les terres cultivées en planche, l'emploi de cette méthode est surtout facile. On ne nuit pas à la floraison*, puisque dès que les étamines paraissent la cécidomyie du froment cesse de pondre. Cette chasse demande peu de temps, elle ne dure que quelques jours pour chaque pièce de blé et prend seulement les soirées de ces journées. On peut répéter cette épreuve plusieurs jours de suite dans le même champ et arriver à des résultats étonnants. J'ai crains d'effrayer les habitants des campagnes par ces manœuvres insolites, autrement je serais arrivé à une expérience plus complète. J'atteins, quoi qu'il en soit, des chiffres encourageants pour de nouveaux essais, l'année prochaine, de ce mode de destruction. Instruments peu coûteux, faciles à faire, faciles à manier, sans qu'il soit nécessaire ni de force ni d'adresse. Mode peu dispendieux, puisqu'il embrasse un délai très-court et seulement quelques instants de quelques journées. Mode très-avantageux, du reste, en ce sens qu'on détruit les cécidomyies sans détruire un grand

---

* Ceci pourrait ne pas être vrai pour notre cécidomyie.

nombre de leurs parasites, qui, pour la plupart, ne paraissent que quelques jours après. On touche du doigt le résultat que l'on obtient, puisque les cécidomyies détruites, on les voit et on les compte.

» Je prends soin de mettre en relief les avantages de ce procédé, non pour vous détourner d'en patroner d'autres, mais pour vous dissuader simplement de trop de défiance pour les avantages de celui-ci. Quant aux autres, il serait bien important que leur emploi soit encouragé. L'impulsion que vous voulez donner autour de vous à ces essais curatifs, aura du retentissement et des imitateurs. On arrivera ainsi évidemment à une solution quelconque. Le plus grand empêchement est que la conviction n'est pas venue touchant la présence et les ravages de la cécidomyie du froment. »

Comme on le voit, en ayant égard à la différence dans l'apparition des deux insectes, les tentatives faites à Fumerault sont encourageantes, et il serait très-utile de faire de nouvelles expériences dans nos champs, lors de la floraison, en 1857.

Si la chasse n'a pas eu lieu et si la cécidomyie a eu le temps de confier ses œufs aux épis de froment, nous ne pouvons avoir aucun espoir de les détruire non plus que les larves qui doivent en éclore.

Si le temps est chaud et humide, cette éclosion se fait rapidement ; peu d'œufs avortent, et les jeunes larves sont prêtes à sucer le liquide qui doit affluer dans l'ovaire après la fécondation. Si, au contraire, le temps est froid, humide, l'éclosion est lente, difficile, et plusieurs œufs ne donnent pas de larves.

A l'état d'œufs, quels moyens employer pour les détruire ? Comment seulement constater la présence de germes dont le diamètre n'atteint pas un centième de millimètre ? Pendant toute la vie de la larve que faire pour la détruire sans nuire à la plante, comment en débarrasser l'intérieur des épillets ? Nous devons, pendant toute cette période, rester spectateurs impuissants à combattre le mal et assister sans défense à la destruction du grain qui forme la partie principale de notre subsistance. On peut seulement, dit M. Bazin, constater la présence des larves et apprécier les pertes qui en résulteront.

Le petit ver jaune, qui sort de l'œuf, est d'abord peu coloré, sa couleur ne tire sur l'orange qu'au moment où la larve est arrivée à toute sa grandeur.

Comme toutes les larves de diptères, celle de la cécidomyie n'a ni mandibules, ni mâchoires, elle ne peut donc absorber qu'une nourriture liquide, et, comme je l'ai déjà dit, c'est la sève destinée à former le grain qui lui fournit les éléments nécessaires à sa subsistance.

Une végétation vigoureuse, favorisée par la variété de froment que l'on cultive ou par des engrais abondants, un temps chaud et sec vont pousser la croissance du grain avec vigueur, et bientôt arrivé au terme de son développement, son épiderme prendra de la consistance, et les jeunes larves périront d'inanition au milieu d'une nourriture trop substantielle. Dans les années froides et humides, ou plutôt encore lorsque la végétation sera languissante, les sucs resteront longtemps liquides et les larves auront toujours la nourriture suffisante pour accomplir toute leur évolution, il n'y aura alors que celles qui seront échneumonées qui ne produiront pas de cécidomyie l'année suivante.

C'est ainsi que souvent les variations de température, et en général tous les phénomènes météorologiques, influent sur les productions de nos cultures, sans cependant agir d'une manière directe, comme on le croit toujours, sur les végétaux destinés à nos besoins.

Si on examine les épis de blé dix ou quinze jours après l'éclosion des œufs, ou vers le milieu de juillet, dans les blés précoces comme ceux de la plaine de Thionville, vers la fin du mois pour ceux du pays-haut, c'est à peine si l'on y rencontre quelques larves. Celles-ci ne sont plus d'un jaune citron, mais d'une couleur orangée, elles sont amincies par les deux extrémités, et presque sans mouvements. Cependant, dans ces épis, des grains avortés, d'autres mal tournés ou réduits au tiers ou au quart de leur taille normale, suffisent pour indiquer le séjour d'un plus grand nombre de larves. Celles-ci ont donc abandonné leur berceau et sont allées, comme celles de la cécidomyie du froment, se cacher dans la terre ou à la base du chaume, s'y abriter et y passer ainsi l'hiver dans une sorte d'engourdissement connu sous le nom d'*état dormant*.

Si on prend un de ces petits vers jaunes et qu'on le place sur la main, sur le papier, etc., il ne tarde pas à rapprocher ses deux extrémités et à se lancer dans l'espace en détendant rapidement l'arc ainsi formé. C'est sans doute par une manœuvre de cette sorte que la cécidomyie de la Moselle quitte les épis où elle a acquit tout son accroissement. Privé de pieds, devenus inutiles parce que la larve prend sa nourriture à mesure que la force de végétation la fait affluer dans la graine, ce ver a reçu de la nature le moyen d'accomplir rapidement un grand voyage, et bien plus sûrement qu'avec le secours des six petites pattes dont sont pourvues beaucoup d'autres larves.

C'est dans sa nouvelle demeure que ce petit ver peut être facilement attaqué, n'étant plus protégé par les enveloppes de l'épillet ni pourvu des longues ailes qui plus tard lui permettront d'émigrer et d'échapper à nos poursuites.

Ces larves ainsi réfugiées à la base du chaume, ou enfoncées de deux à trois centimètres dans le sol, sont-elles suffisamment protégées et faut-il compter sur les pluies ou sur les gelées pour en faire périr un certain nombre? J'ai dit dans l'introduction du travail que j'entreprends sur les insectes nuisibles, quels résultats ont les intempéries et les froids les plus intenses sur la reproduction ou la multiplication de ces petits animaux *.

M. Bazin, pas plus que les entomologistes sérieux, ne fait grand cas de ces ressources, et il conseille un labourage profond immédiatement après la moisson. Je ne saurais nier complètement l'efficacité de ce moyen; mais je crois qu'un labourage de dix, quinze ou même vingt centimètres de profondeur, permettra toujours à l'air de pénétrer dans le sol en quantité suffisante pour entretenir la vie dans une larve de deux millimètres de longueur. Combien d'autres larves d'ailleurs qui vivent dans la terre à une plus grande distance de la surface, et qui cependant sont plus grosses et ne sont pas engourdies. Les autres moyens que j'ai à examiner n'empêcheront pas d'employer celui-ci plus tard, et je crois que le résultat final sera le même, que l'enfouissement de la larve ait lieu tout de suite après la moisson ou un peu plus tard.

Le procédé sur lequel je fonde le plus d'espoir, tant par son effi-

---

* Cependant il est permis de supposer que la nature du sol n'est pas complétement sans influence; ne serait-il pas très-intéressant de faire des recherches, sur cette action, dans les terrains qui couvrent notre département (Marnes irisées, Muschelcalk, Oolithe, Lias, etc.).

cacité réelle que par la facilité de son emploi et le peu de dépense qu'il occasionnera, consiste dans la pratique d'un sartage à feu courant, fait dans les champs de blé immédiatement après la moisson. Pour faciliter la communication du feu et augmenter sa durée, il faudrait couper haut, passer le rouleau après la moisson ou répandre un peu de menue paille sur le champ avant d'y mettre le feu.

Cette méthode, dont l'expérience est facile à faire, a en outre l'avantage de détruire les autres larves d'insectes nuisibles, tels que les *Chlorops*, les *Calamobins gracilis*, les *Cephus pygmœus*, etc. Malheureusement elle a aussi l'inconvénient de ne pouvoir être pratiquée dans les localités où on a l'habitude de semer du trèfle dans les champs de blé.

L'arrosage, avec un liquide contenant en dissolution une substance capable de faire périr les larves sans laisser dans le sol de traces nuisibles comme cela a lieu avec les chaulages à l'arsenic, ne me parait pas un moyen cultural profitable, à cause du matériel que cette méthode exigerait et surtout de la grande quantité de liquide qu'il faudrait employer. On pourrait cependant faire servir à cet usage bien des résidus industriels ordinairement perdus, tels que, par exemple, les eaux du gaz, celles de savonneries, celles des fonderies de suif par le procédé Darcet, du dégraissage des laines, etc., qui, chargés de matières grasses ou d'huiles essentielles, sont très-nuisibles aux insectes. En employant des sels de fer, de zinc, etc., et en les faisant dissoudre dans les purins destinés à fumer on atteindrait deux buts à la fois. Enfin on pourrait répandre ces substances sur le sol à l'état pulvérulent et charger les eaux pluviales de les dissoudre et de les conduire dans la terre.

Dans ces derniers temps, M. Thénard fils a conseillé, pour détruire les insectes qui attaquent la vigne, l'emploi des tourteaux de colza ou de toute autre graine de crucifère. En répandant de pareilles matières sur les terrains où l'on aurait cultivé du blé atteint par la cécidomyie, leur contact avec l'humidité du sol ou avec les eaux de la pluie, produirait des huiles essentielles dont l'action est extrêmement funeste aux insectes et à leurs larves.

Rien n'empêche d'ailleurs d'avoir recours aux labourages profonds dont M. Bazin conseille l'emploi, après que l'on aura fait usage des procédés que j'indique.

Dans les questions de la nature de celle qui m'occupe, on est obligé souvent de marcher sans guide, et le hasard peut conduire à une solution plus complète et plus rapide que celle que la théorie nous indique.

Une chose très-importante et qu'il ne faut pas perdre de vue, c'est que l'on ne saurait arriver à un résultat satisfaisant que par la pratique des moyens reconnus bons sur une vaste échelle, tel que sur tout un canton à la fois. Tous les efforts individuels ne peuvent amener que le découragement; tous les sacrifices faits par un cultivateur intelligent seront complétement perdus, s'il reste seul, dans son canton, à lutter contre la cécidomyie. A quoi, en effet, peut aboutir l'emploi de la méthode la meilleure possible, si à côté du champ qu'il cultive il se trouvait du blé *cécidomyié* l'année précédente et que l'on ait rien fait pour y détruire ces insectes.

Dans l'Amérique du Nord, une espèce du même genre, la *Cecidomyia destructor*, voyage quelquefois en essaims si considérables, qu'ils forment comme des nuages. Les chaînes de montagnes les plus hautes, les fleuves les plus larges, ne les arrêtent pas dans leur migration. L'instinct de la reproduction ferait sans doute entreprendre de pareils voyages à notre cécidomyie, et les pays où l'on pratiquerait fructueusement la chasse à ces insectes, ne tarderaient pas à être envahis par celles qui viendraient des contrées voisines, si pendant quelques années on ralentissait son activité.

Mais alors, si des mesures d'ensemble sont reconnues indispensables, comment en obtenir l'application? et, si pour arriver à ces résultats, il faut faire intervenir l'autorité administrative, n'y a-t-il pas à craindre des entraves ou des prescriptions peu compatibles avec nos mœurs, nos institutions et surtout nos pratiques agricoles? Ces questions sont sérieuses et méritent de fixer l'attention des hommes plus compétents que moi en pareille matière.

Maintenant mon devoir est accompli. J'ai signalé le mal qui atteint nos cultures ; j'ai suivi l'insecte dans toutes les phases de son existence, et j'ai exposé, avec conscience et bonne foi, tous les procédés qui peuvent être employés pour conjurer de plus grands désastres.

C'est à l'expérience à prononcer, car, en agriculture, moins qu'ailleurs, on ne peut déclarer bonnes que les méthodes qui ont été consacrées par elle. Toujours on doit se défier des spéculations de cabinet ou des conséquences d'une théorie trop absolue. C'est pour ne pas avoir toujours bien compris ces choses que la majorité des cultivateurs est *en délicatesse* avec la science. Que de fois, en effet, les faiseurs et les demi-savants n'ont-ils pas poussé les agronomes à des tentatives inutiles ou onéreuses, et amené ainsi, chez les uns le découragement, la haine pour toute innovation chez les autres, et la défiance chez presque tous.

Tous les procédés indiqués, et ceux qui surgiront sans doute à la suite, ont leurs avantages et leurs inconvénients. Ce n'est que par leur application que l'on pourra faire le choix des meilleurs, les perfectionner et en répandre l'emploi. C'est aux Sociétés d'horticulture, aux Comices agricoles et surtout à l'autorité départementale, qu'il convient de prendre l'initiative de ces expériences.

Que chacun se mette donc à l'œuvre, et il arrivera un jour où nos efforts seront récompensés, par l'augmentation de la production du sol et par l'affranchissement du tribut des millions d'hectolitres de blé que la France est obligée d'acheter à l'étranger pour sa subsistance.

EN VENTE :

Notes pour servir à l'histoire des insectes nuisibles à l'agriculture, à l'horticulture et à la sylviculture, dans le département de la Moselle, par J.-B. Géhin.

N° 1. — Introduction. — Brochure in-8°.

N° 2. — Insectes qui attaquent les blés. — Brochure in-8°.

N° 3 (sous presse). — Insectes parasites du poirier (Coléoptères).

Ouvrages du même Auteur :

Catalogue des Coléoptères de sa collection : Cicindéliens, — Dytisciens, — Gyriniens. — Deux brochures in-8°.

Catalogue des Coccinelles observées dans le département de la Moselle, avec des indications sur leurs mœurs, les lieux où elles se trouvent, etc. — Brochure in-8°.

www.ingramcontent.com/pod-product-compliance
Lightning Source LLC
Chambersburg PA
CBHW060505050426
42451CB00009B/834